Karl Philipp Moritz
Neues ABC-Buch

Illustriert von Wolf Erlbruch

Verlag Antje Kunstmann

Erstes Bild
Gesicht

In diesem Buche stehen Bilder und Buchstaben.
Das erste Bild stellt das Auge vor, womit ich
die Bilder sehe.

Das offne Auge sieht ins Buch.

Das zweite Bild
Gesicht

Das zweite Bild stellt einen Knaben vor,
   der unter einem Baum sitzt und in
   einem Buche liest.

Der Knabe hält den rechten Zeigefinger
   auf das Buch, damit er in der rechten
   Zeile bleibe.

Der Knabe ist sehr aufmerksam und gafft
   nicht umher.

Bei den Bildern stehen Buchstaben.

Unter den Bildern stehen Worte.

Wer nicht lesen kann, der besieht nur
   die Bilder.

Wer aber lesen kann, der liest auch die
   Worte, die darunter stehen.

Das offene Auge sieht ins Buch.

Mein Auge ist offen, und ich sehe
   damit ins Buch.

Das Buch macht junge Kinder klug.

Ich will in diesem kleinen Buche fleißig
   lesen lernen, damit ich noch mehr
   Bücher lesen kann, wodurch ich klüger
   werde.

Ich muss beim Lesen nicht zu dicht auf
   das Buch sehen, weil man sich die
   Augen damit verdirbt.

Und zum Lesen sind gute Augen nötig.

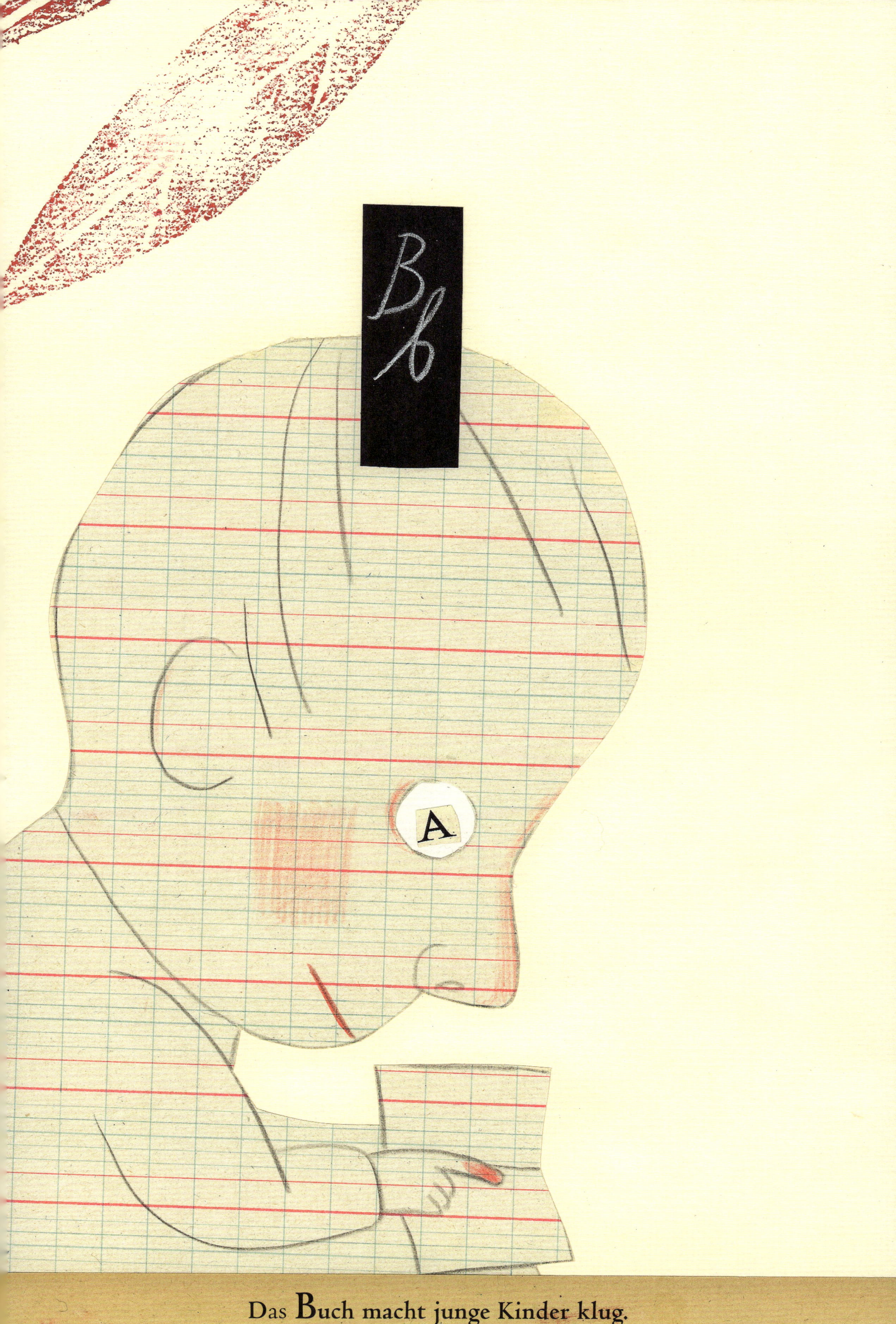

Das Buch macht junge Kinder klug.

Das dritte Bild
Gehör

Das dritte Bild stellt eine Orgel vor.

Man hört die Orgel des Sonntags in
der Kirche.

Jeder Mensch hat eine Luftröhre.

Wenn man singt oder spricht, so kommt
der Ton immer durch die Luftröhre.

Die Pfeifen in der Orgel sind lauter
Luftröhren.

Die Orgel kann aber von selber keinen
Ton von sich geben.

Wenn die Orgel nicht gespielt wird,
so ist sie stumm.

Der Mensch aber singt und spricht von
selber, so oft er will.

Was ich mit dem Auge lese, das kann ich
auch mit dem Ohre hören.

Jetzt lese ich laut.

Und höre mit den Ohren, was ich lese.

Wenn ich nun das Buch zumache, so muss
ich noch wissen, was ich gelesen habe.

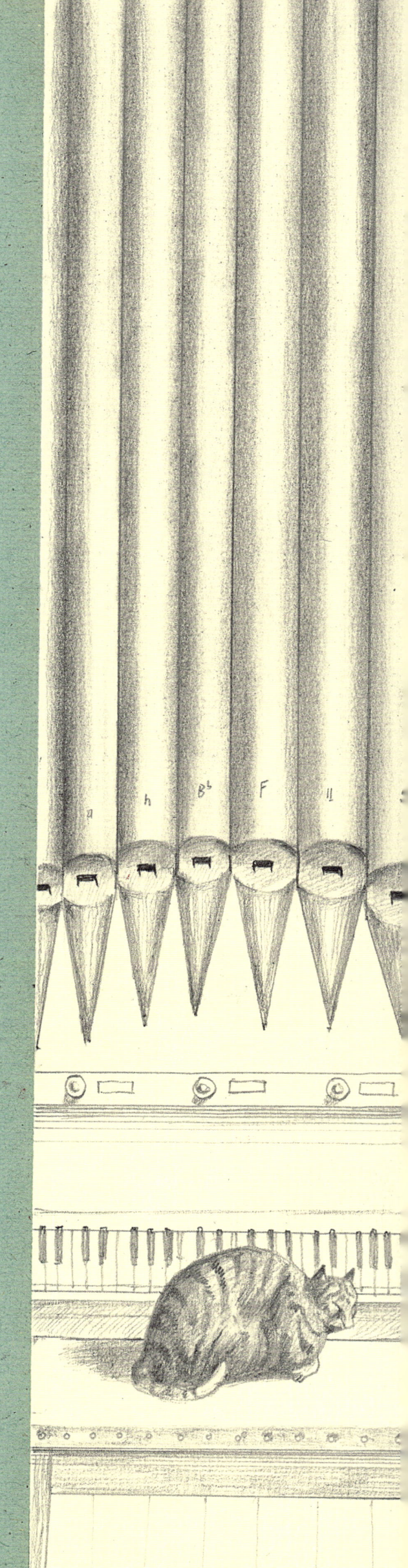

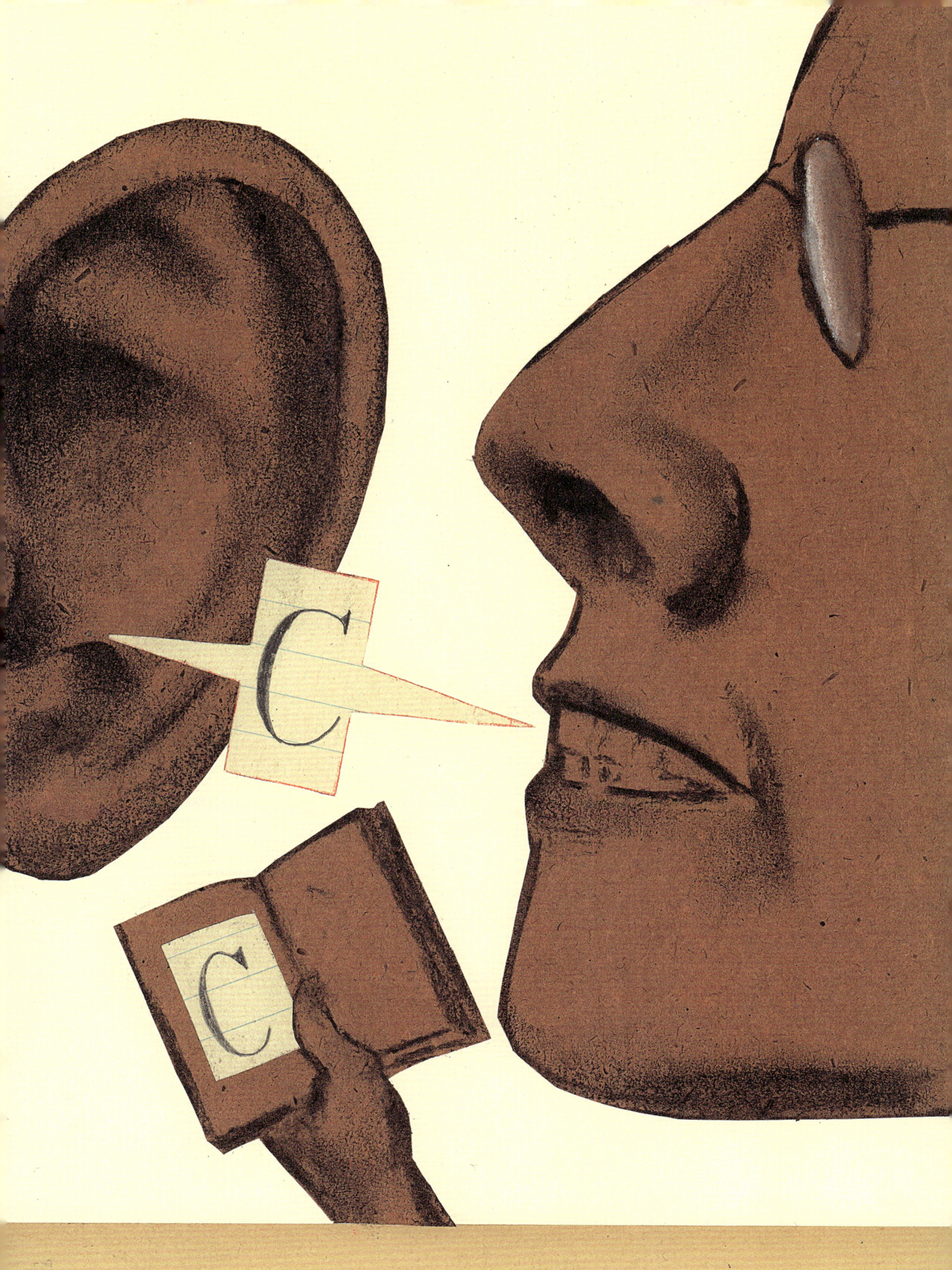

Den Ton der **C**ymbeln hört das Ohr.

Das vierte Bild
Geruch

Ein Knabe fasst ein großes Rauchfass
mit beiden Händen an.
Der Rauch steigt in die Höhe.
Der Rauch aus einem Rauchfass riecht
angenehm.
Ein angenehmer Rauch heißt Weihrauch.
Der Wohlgeruch steigt in die Höhe.
Die Nase ist niedergesenkt, um den
Wohlgeruch aufzufangen.
Die schöne Farbe einer Blume kann
ich sehen.
Aber den Wohlgeruch der Blume kann
ich nicht sehen.
Der Wohlgeruch der Blume heißt auch
der Duft der Blume.
Die Nase zieht den angenehmen Duft
der Blume und den Duft von Weih-
rauch in sich.

Der Duft vom Weihrauch steigt empor.

Das fünfte Bild
Geschmack

Ein Knabe steht an einem Tische und
  trinkt aus einer Tasse.
Er macht eine saure Miene.
Der scharfe Essig in der Tasse schmeckt
  nicht gut.
Warum nimmt denn der Knabe den
  Essig in den Mund?
Der Knabe wusste nicht, dass der Essig
  so sauer schmeckte.
Der Knabe konnte die Farbe von dem
  Essig sehen.
Aber den Geschmack konnte er nicht
  sehen.
Schwarze Brombeeren schmecken süß.
Weißer Zucker schmeckt auch süß.
Der Zucker schmilzt mir auf der Zunge.
Ich schmecke den Zucker mit der Zunge.

E E

e e

Der Essig zieht den Mund zusammen.

Das sechste Bild
Gefühl

Ein kleiner Knabe steht am Feuer.
Den kleinen Knaben friert.
Er wärmt sich die Hände an dem Feuer.
Das Feuer ist dem Knaben gar zu nahe.
Der Knabe kann die helle Flamme sehen.
Aber die Hitze der Flamme kann der
  Knabe nicht sehen.
Wenn die Flamme dem Knaben an die
  Finger kommt, so wird er wohl fühlen,
  dass die Flamme heiß ist.
Eine glühende Kohle kann ich nicht
  anfassen.
Wenn es finster ist, so kann ich nicht
  sehen.
Aber mit den Händen kann ich *fühlen*.
Wenn es finster ist, so fühle ich mit den
  Händen zu, dass ich mich nicht stoße.
Die Luft kann ich nicht sehen.
Die Luft kann ich fühlen, wenn ich die
  Hand in der Luft schnell hin und her
  bewege.

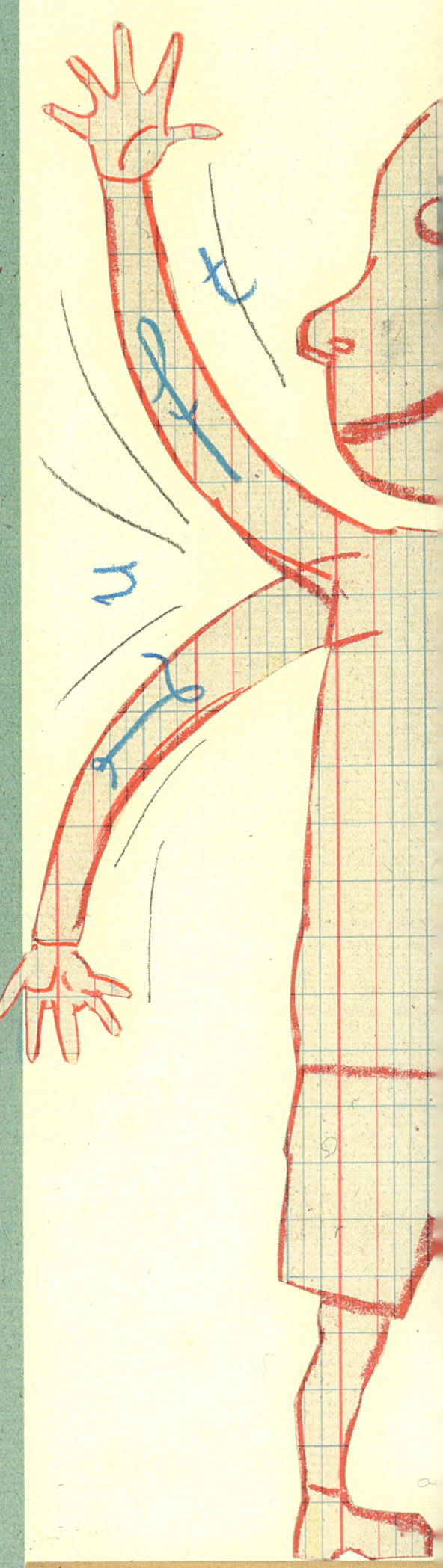

Kind, hüte dich vor Feuerflammen!

Das siebente Bild
Nachdenken

Ein Mann sitzt an einem Tische.
Auf dem Tische liegt ein Buch.
In dem Buche hat der Mann gelesen.
Der Mann denkt nach.
Ich lese in diesem Buche.
Nachher mache ich das Buch zu.
Dann muss ich nachdenken, was ich
  gelesen habe.
Das Buch liegt *vor* mir.
Das Denken ist *in* mir.
Das Buch kann man mir wegnehmen.
Das Denken kann man mir nicht
  wegnehmen.
Du weißt nicht, was ich denke.
Ich weiß nicht, was du denkst.
Ich kann dich wohl sehen.
Aber das Denken in dir kann ich
  nicht sehen.
Der Mann am Tische denkt nicht
  mit der Hand,
Er denkt nicht mit den Augen,
Er denkt nicht mit den Ohren,
Er denkt mit dem Geiste.
Den Geist des Mannes kann ich
  nicht sehen.
Denn der Geist des Mannes ist in ihm.

G g

Der **G**eist des Menschen in ihm denkt.

Das achte Bild
Körper

An einem Baume hängen Äpfel.

Ein Knabe springt an dem Baume in
die Höhe.

Der Knabe denkt: die Äpfel möchte ich
wohl haben!

Wenn ich die Äpfel haben will, so muss
ich springen.

Wenn ich springen will, so muss ich die
Füße in die Höhe heben.

Wenn ich den Apfel greifen will, so muss
ich den Arm in die Höhe strecken.

Das alles denkt der Knabe.

Des Knaben Hand und Fuß kommt
nun in Bewegung.

Sein ganzer Körper hebt sich in die Höhe.

Den Körper des Knaben kann ich sehen.

Aber das Denken in ihm kann ich nicht
sehen.

Was ich aber selber denke, das weiß ich.

Denn das Denken ist in mir.

Wenn ich denke: ich will gehen, so hebt
mein Fuß sich in die Höhe.

Wenn ich denke: ich will essen, so bewegt
sich meine Hand zum Munde.

Wenn ich denke: ich will lesen, so greife
ich nach dem Buche.

Das Denken ist eine angenehme Sache.

Ich will immer denken, was ich tue.

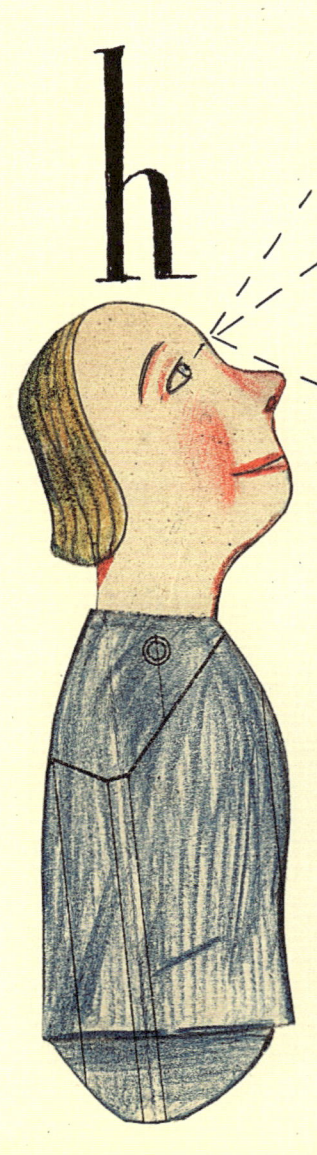

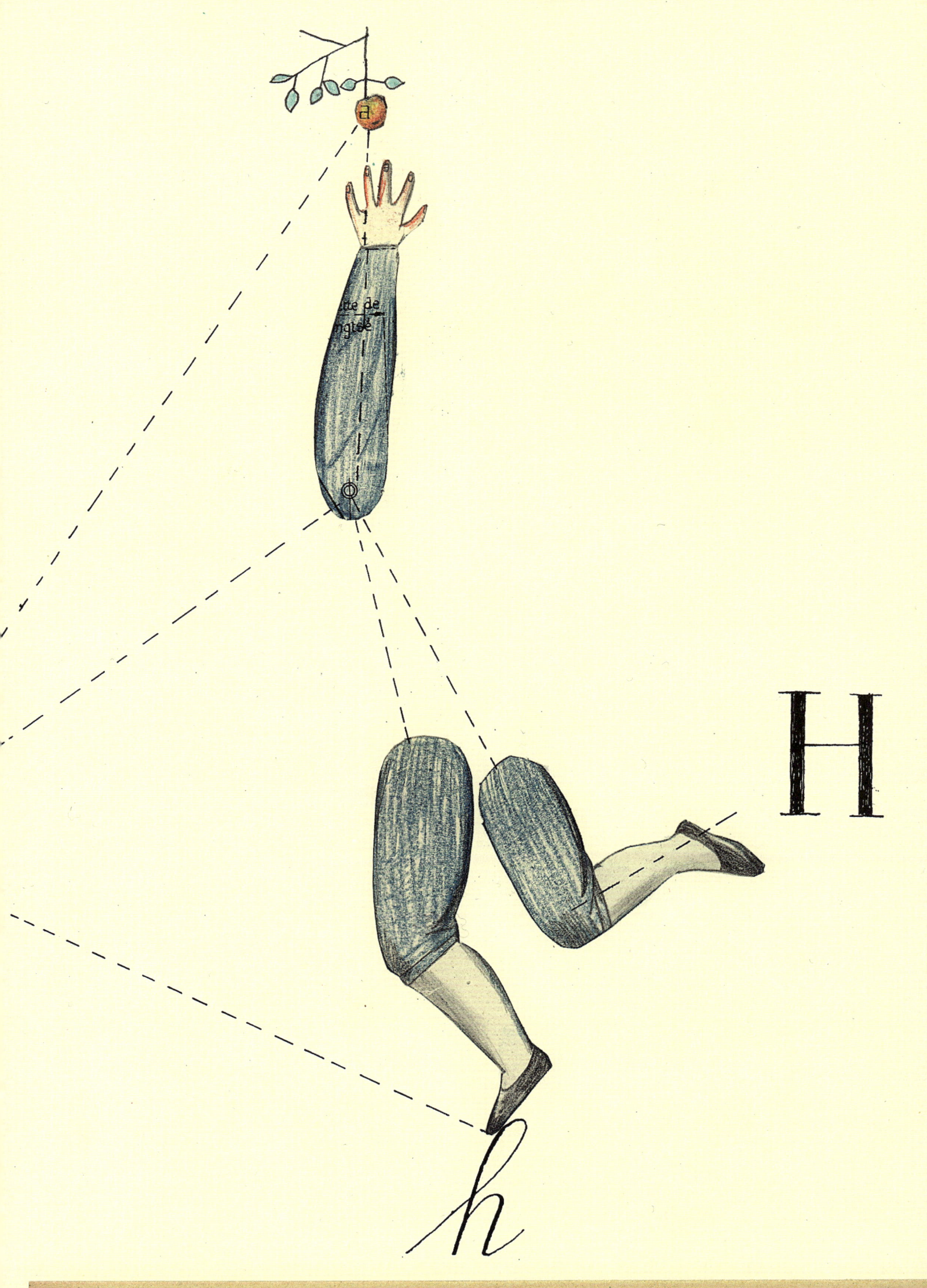

Von ihm wird **H**and und Fuß gelenkt.

Das neunte Bild
Mensch und Tier

Der Hirsch flieht in den Wald.

Der Jäger mit den Hunden verfolgt den Hirsch.

Der Jäger trägt eine Flinte.

Der Jäger schießt den Hirsch mit der Flinte tot.

Der Hirsch ist ein wildes Tier.

Die wilden Tiere fliehen vor den Menschen.

Der Mensch tötet die wilden Tiere.

Die Kräuter auf dem Felde wachsen in die Höhe und saugen die Tropfen von Tau und Regen ein.

Die Tiere verzehren die Kräuter auf dem Felde.

Der Mensch verzehrt das Fleisch der Tiere.

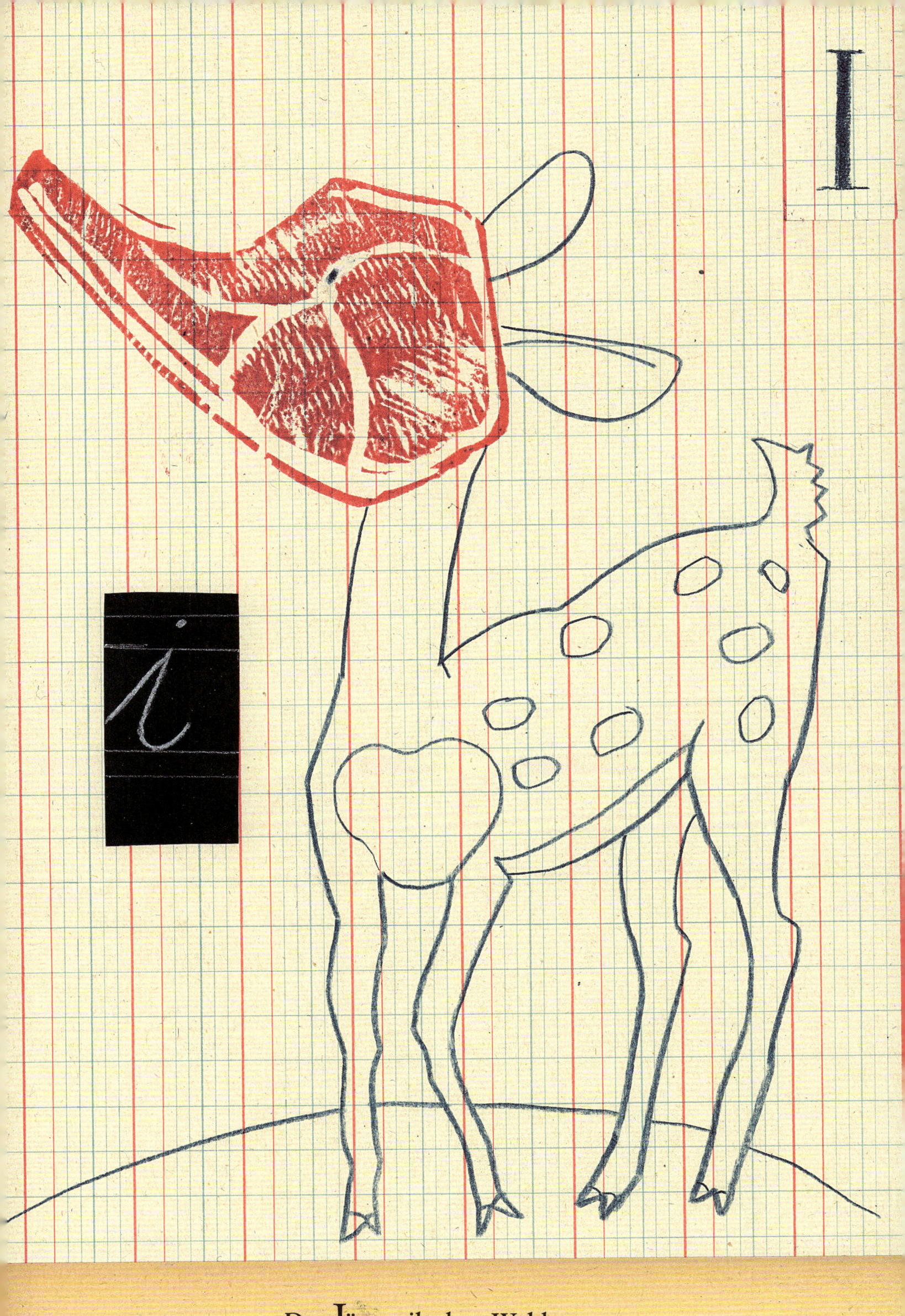

Der Jäger eilt dem Walde zu.

Das zehnte Bild
Mensch und Tier

Die junge Bäurin melkt die Kuh.
Die Kuh steht still.
Die Bäurin tut der Kuh nichts zu Leide.
Sie fasst die Milch der Kuh in einem
  Eimer auf.
Die Kuh ist ein zahmes Tier.
Die zahmen Tiere fliehen nicht vor dem
  Menschen.
Der Mensch ernährt die zahmen Tiere.
Vor der Kuh steht ein Eimer mit
  Wasser.
Aus dem Eimer säuft die Kuh.
Die Kuh verzehrt die Kräuter des Feldes.
Der Mensch trinkt die Milch der Kuh.
Die Kuh steht des Nachts im Stalle und
  frisst aus einer Krippe.
Die zahmen Tiere wohnen bei den
  Menschen.
Die wilden Tiere wohnen in den
  Wäldern, wo keine Menschen sind.

Die junge Bäurin melkt die **K**uh.

Das elfte Bild
Mensch und Tier

Eine Schäferin führt ein Lamm auf die
Weide.
Das Lamm frisst Klee vom Boden ab.
Der Klee ist ein grünes Kraut, das auf
dem Felde wächst.

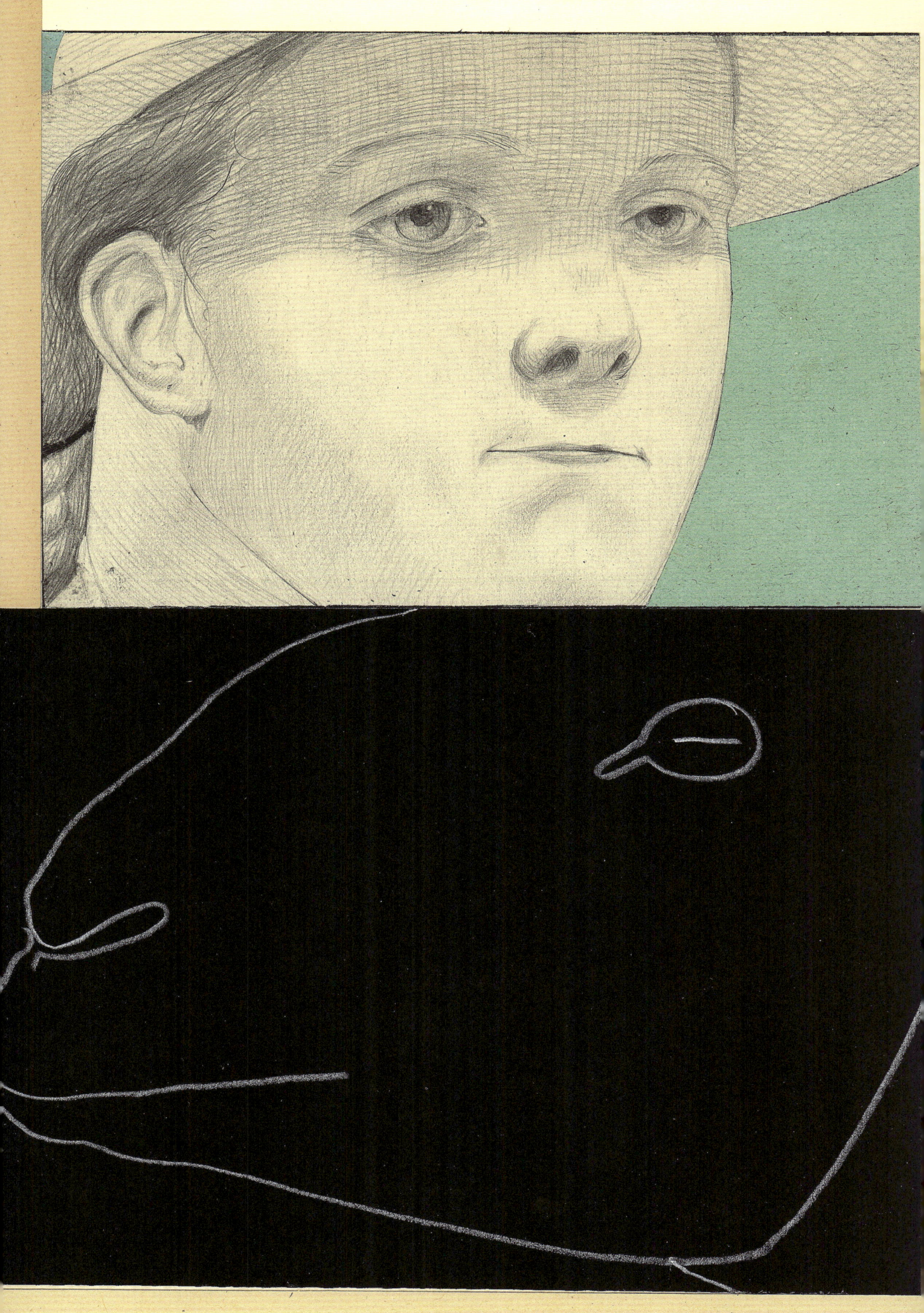

Das Lamm frisst Klee vom Boden ab.

Das zwölfte Bild
Mensch und Tier

Ein Schäfer hat eine Schere in der Hand
und schneidet damit dem Lamme
die Wolle ab.
Auf dem Felde wächst der grüne Klee.
Das Lamm frisst ihn ab.
Auf dem Lamme wächst die Wolle.
Der Mensch nimmt sie ihm ab.
Von dem Klee nährt sich das Lamm.
Mit der Wolle kleidet sich der Mensch.
Man macht Kleider von Tuch.
Das Tuch macht man aus Wolle.
Wenn die Kräuter auf dem Felde
verzehrt sind, so wachsen andere wieder.
Wenn das Lamm geschoren ist, so wächst
ihm wieder frische Wolle.

Die Wolle nimmt der Mensch ihm ab.

Das dreizehnte Bild
Die rohe Natur

Ein entblätterter Baum steht auf dem
  Felde.
In der Ferne sind hohe Berge.
Rundumher ist kein Haus und keine
  Hütte.
Es ist Winter.
Bei dem entblätterten Baume steht ein
  unbekleideter Mensch.
Der Mensch sucht sich vor dem Frost
  zu schützen.
Er ist schlimmer daran wie die wilden
  Tiere.
Denn die wilden Tiere sind mit Haaren
  bedeckt.
Aber der Mensch ist ganz unbekleidet.
Der Mensch kann nicht mit den wilden
  Tieren leben.
Der Mensch muss eine Wohnung haben
  und muss mit andern Menschen
  zusammen leben.

Der Nackte sucht den Frost zu fliehn.

Das vierzehnte Bild
Der gebildete Mensch

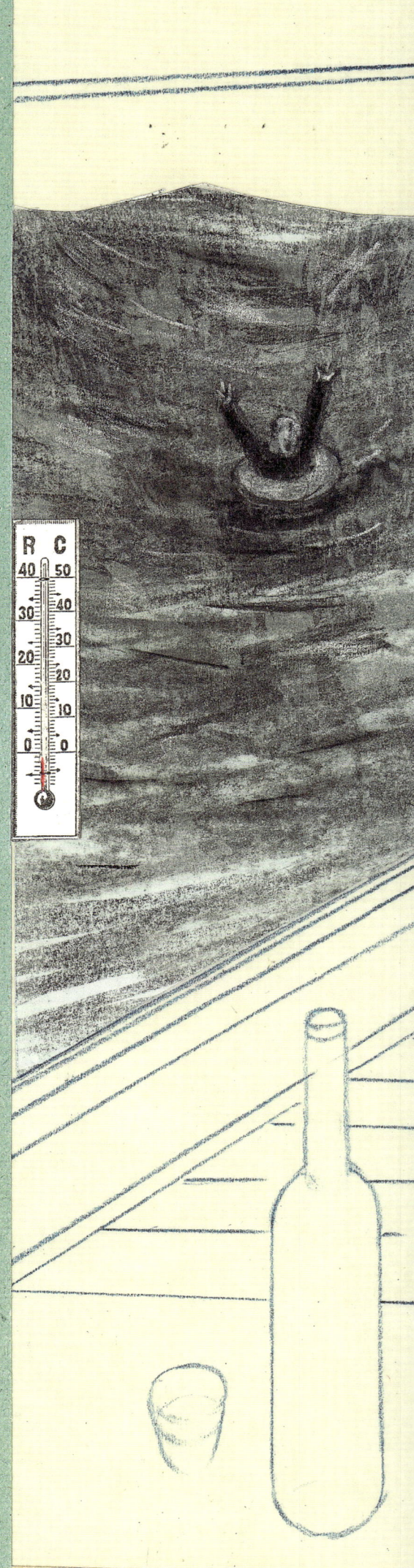

Ein Mann steht am Ofen und wärmt sich.

In der Stube steht ein Tisch und ein Stuhl.

Auf dem Tische steht eine Flasche und ein Trinkglas.

Durch das Fenster in der Stube scheint das Licht.

Der Mann ist mit einem Rock und Mantel bekleidet.

Sein Kopf ist mit einem Hute bedeckt.

An den Beinen trägt er Stiefel.

Eine warme Stube ist im Winter sehr angenehm.

In der Wildnis ist keine warme Stube.

In der Stube ist man im Trocknen, wenn es draußen regnet.

Man sieht den Regen durch das Fenster und wird doch nicht benetzt.

In der Stube, wo wir wohnen, sind Stühle zum Sitzen.

In der Kammer sind Betten zum Schlafen.

Wir gehen zuweilen aus.

Aber wir kehren immer wieder in unsre Wohnung zurück.

Wer keine Wohnung hat, ist übel daran.

Es ist gut, unter andern Menschen zu wohnen.

Doch Kleid und **O**fen wärmen ihn.

Das fünfzehnte Bild
Pracht und Überfluss

Auf einem Tische stehen Speisen.
Um den Tisch herum sitzen Leute auf
  Stühlen.
Diese Leute essen und trinken.
In der Mitte sitzt der Herr des Hauses.
Der Herr des Hauses trinkt aus einem
  großen goldenen Becher.
Ein solcher Becher heißt auch ein Pokal.
Der Herr des Hauses ist ein reicher
  Mann.
Er hat viel mehr, als er braucht.
Einen goldenen Becher braucht man
  nicht.
Der goldene Becher ist nur zur Pracht.
Man braucht auch nicht vielerlei Speisen.
Vielerlei Speisen sind nur zum
  Überfluss.

Den Reichen tränkt der Gold-Pokal.

Das sechzehnte Bild
Genügsamkeit

Ein Wanderer hat sich an einen Quell
  gebückt,
Um Wasser mit der Hand zum Munde
  zu schöpfen.
Sein Hut und ein Wanderstab liegen
  neben ihm.
Sein Haar ist schlicht gekämmt.
Der Wanderer ist zufrieden, mit Wasser
  seinen Durst zu löschen.
Ihm schmeckt der kühle Trunk aus seiner
  hohlen Hand so gut
Als dem Reichen der teure Wein aus
  dem goldenen Becher.
Der Mensch braucht wenig, um zufrieden
  zu leben.

Der Wandrer hält am Quell sein Mahl.

Das siebzehnte Bild
Bewegung

Ein Rad in einer Mühle wird von der
  Gewalt des Wassers umgetrieben.
Das Rad ist so groß, dass ein Mensch es
  nicht umdrehen könnte.
Aber der Mensch hat den Gedanken, das
  Wasser zu dem Rade hinzuleiten,
Damit das Rad dadurch umgetrieben
  werde.
Das Wasser treibt also die Räder durch
  die Einrichtung des Menschen.
Das Wasser in einem Teiche bewegt sich
  nicht.
Ein Stein bewegt sich nicht von selber.
Der Stein, den ich in die Höhe werfe,
  fällt immer wieder auf die Erde
  herunter.
Das Wasser fließt immer abwärts.

Rr

Die **R**äder treibt des Wassers Kraft.

Das achtzehnte Bild
Leben

Ein Mann sitzt auf einem Stuhle
Und hält ein Becken in der rechten
  Hand.
Ein Wundarzt lässt ihn am linken Arm
  zur Ader.
In den Adern fließt das Blut.
Das Blut aus der eröffneten Ader strömt
  in das Becken.
Die Ader wird verbunden; dann hört
  das Bluten wieder auf.
Das Aderlassen ist zuweilen heilsam.
In den Röhren der Pflanzen steigt der
  Saft empor.
Die Pflanzen wachsen in die Höhe,
  aber sie bewegen sich nicht.
Sie holen auch nicht Atem.
Der Mensch holt beständig Atem.
Das Blut strömt durch das Herz.
Das Herz schlägt jeden Augenblick:
Wenn das Herz auf immer stillsteht,
  so lebt der Mensch nicht mehr.

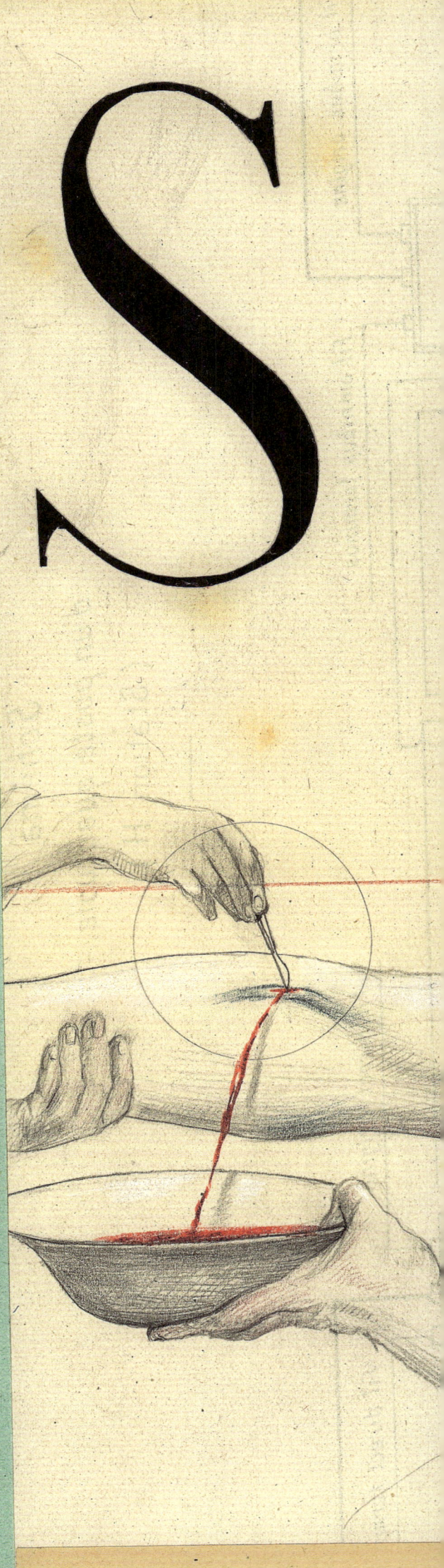

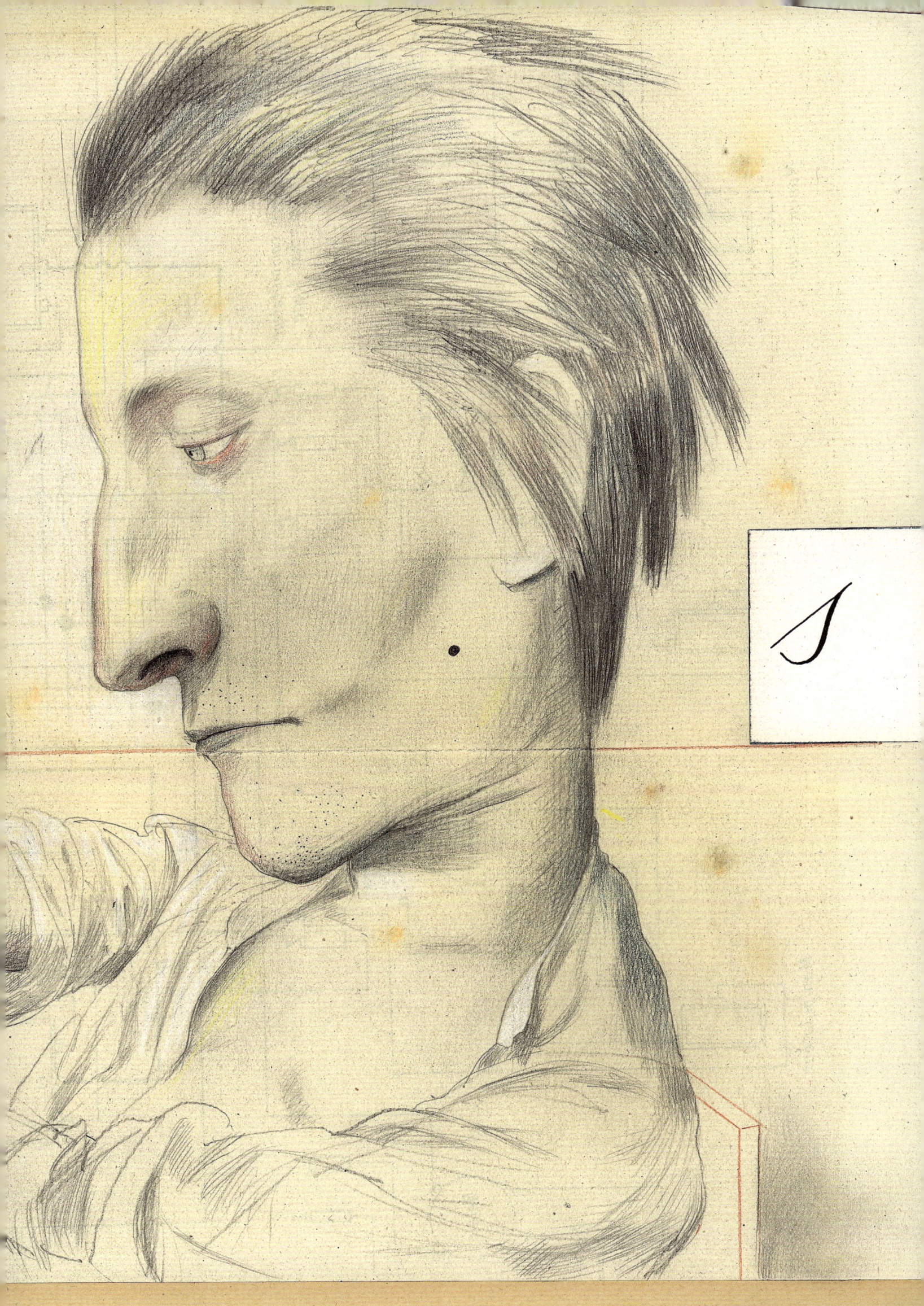

In Adern rollt der Lebens-Saft.

Das neunzehnte Bild
Tod

Ein Mensch liegt schlaff und aus-
  gestreckt am Boden.
Ein Knabe steht neben ihm mit einer
  umgekehrten und ausgelöschten Fackel.
So wie die Fackel ihren Schein verloren
  hat, ist bei dem Menschen auch des
  Lebens Glanz verloschen.
Sein Auge sieht nicht mehr.
Sein Ohr vernimmt nicht mehr.
Er atmet nicht.
Sein Herz schlägt nicht mehr.
Die Schlafenden gleichen den Toten.
Auf den Tag folgt die Nacht.
Auf das Wachen folgt der Schlaf.
Auf die Arbeit folgt die Ruhe.
Auf das Leben folgt der Tod.

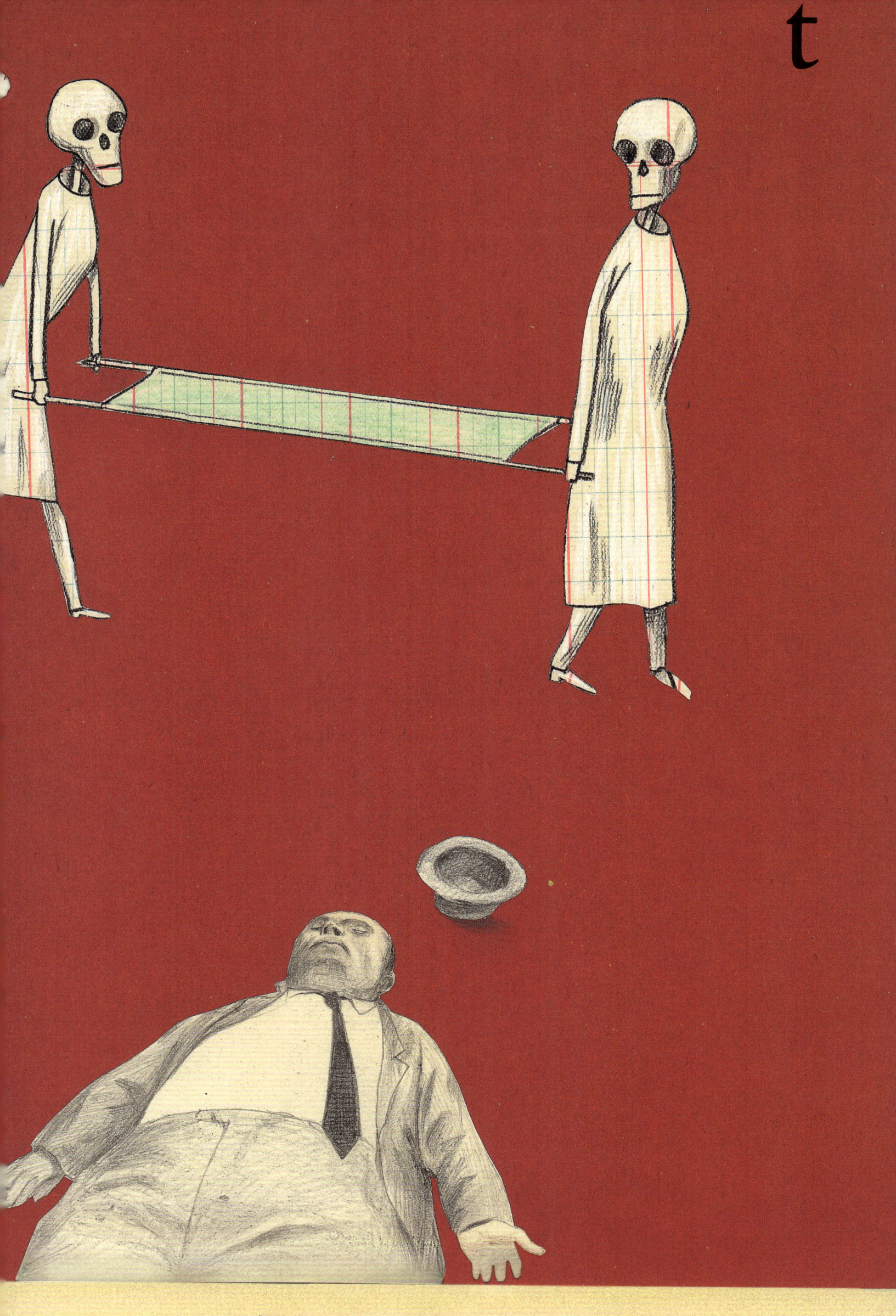

Der Tod macht Hand und Fuß erschlafft.

Das zwanzigste Bild
Triebwerk ohne Verstand

Eine Uhr hängt an der Wand.
An der Uhr hängen Gewichte.
Durch die Gewichte drehen sich die
   Räder in der Uhr um.
Durch die Räder bewegt sich der Zeiger
   auf dem Zifferblatt und zeigt die
   Stunden an.
An dem Tische sitzt der Lehrer und
   unterrichtet drei kleine Knaben.
Die Knaben sind fleißig und wenden ihre
   Zeit sehr nützlich an.
Mit der Arbeit wird nicht eher aufgehört,
   bis die gesetzten Stunden vorbei sind.
Der Unterricht und die Arbeit werden
   nach den Stunden eingeteilt.
Man sieht nach der Uhr, um jede Viertel-
   stunde gut anzuwenden und keine Zeit
   unnütz zu verlieren.

Die Uhr zeigt richtig zwar die Stunden.

Das einundzwanzigste Bild
Arbeit mit Verstand

Ein Uhrmacher steht am Tische und
verfertigt Uhren.

Am Fenster hängen kleine Uhren.

Um ihn herum stehen große Uhren.

In der Uhr offenbart sich der Verstand
des Menschen.

Der Verstand des Menschen setzt die
Uhr zusammen, dass sich die Räder in
dem Uhrwerk umdrehen und ein Rad
das andere treibt.

Der Verstand des Menschen bezeichnet
selbst die Stunden durch die Einrichtung der Uhr.

Die Uhr ist an sich ein lebloses Ding
und steht still, sobald sie nicht
aufgezogen wird.

Der Gedanke des Menschen hat die Uhr
erst in Bewegung gesetzt.

Der Mensch selbst aber bewegt sich
durch seine eigenen Gedanken.

Ein vernünftiger Mensch bedenkt alles,
was er tut.

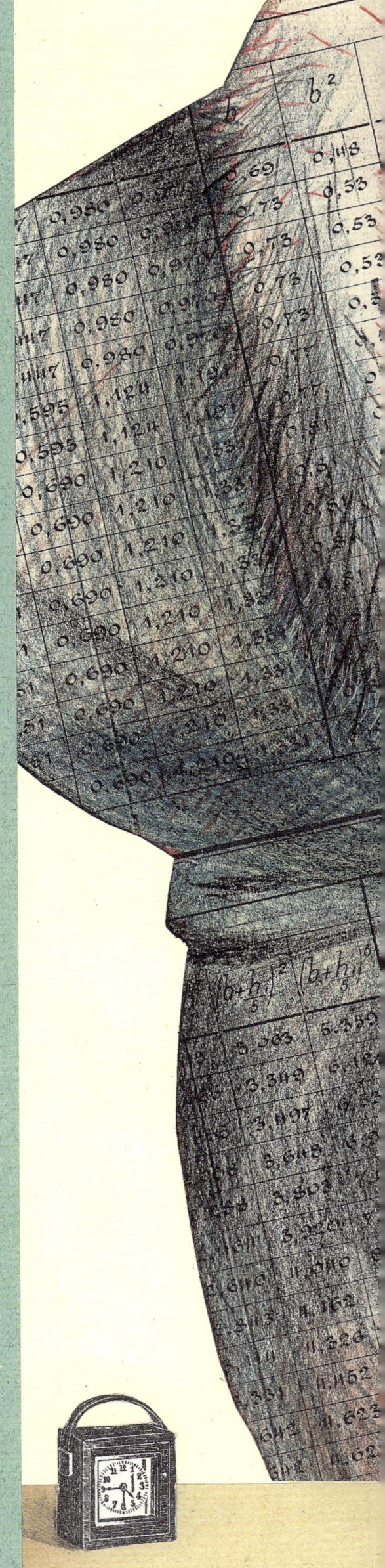

Doch der Verstand hat sie erfunden.

Das zweiundzwanzigste Bild
Vergänglichkeit

Ein Berg stürzt ein. –
Der Blitz zündet ein Haus an.
Die Menschen fliehen.
Die Menschen können wohl gegen die
  wilden Tiere streiten,
Aber gegen das Erdbeben, den Donner
  und den Blitz können sie nicht streiten.
Die Werke des Menschen können leicht
  zerstört werden.
Die Felsen können durch Erdbeben
  erschüttert werden.
Alles ist vergänglich.
Aber die Tugend bleibt.

Wenn dieser **W**eltbau einst zerfällt.

Das dreiundzwanzigste Bild
Stolz

Xerxes war ein sehr mächtiger König.
Er ist abgebildet, wie er vor seinem Zelte
im Lager steht und Befehle erteilt.
Dieser König konnte vielen hundert-
tausend Menschen befehlen.
Aber den Wellen des Meeres und dem
Sturmwinde konnte er nicht befehlen,
dass sie ruhen sollten.
Dieser stolze König wurde gedemütigt.
Er wurde von seinen Feinden überwun-
den und konnte kaum sein Leben retten.
Wenn von allen Seiten das Verderben
hereinbricht, so hilft einem Könige
sein Stolz und seine Macht nicht.
Der törichte Stolz wird gedemütigt.
Wenn ein Unglück unvermeidlich ist,
so klagen die törichten Menschen.
Aber der Weise bleibt ruhig.

Ist dann wohl **X**erxes noch ein Held?

Das vierundzwanzigste Bild
Ungleichheit

Ein Mann betrachtet einen Zedernbaum,
der über sein Haupt emporragt.
Und zeigt mit der Hand auf die niedrigen
Pflanzen, die zu seinen Füßen wachsen.
Die Pflanzen sind einander ungleich.
Die Menschen aber sind sich nicht so
ungleich wie die Pflanzen.
Die armen und niedrigen Menschen sind
ebenso gebildet wie die Reichen und
Vornehmen.
Darum kann der Reiche und Vornehme
nicht mit der Zeder und der Niedrige
nicht mit dem Ysop verglichen werden.
Ein jeder Mensch ist hilfebedürftig.
Wenn die armen und niedrigen Menschen
schwach und krank sind, so bedürfen sie
Hilfe.
Und wenn die Reichen und Vornehmen
schwach und krank sind, so bedürfen sie
auch Hilfe.
Wenn reiche und vornehme Menschen
das Fieber bekommen, so frieren sie eben-
so sehr wie die Armen und Niedrigen.
Kein Mensch muss den andern gering
schätzen.
Denn es ist die höchste Würde, ein
Mensch zu sein.

Der Ysop weicht der hohen Zeder.

Das fünfundzwanzigste Bild
Vergänglichkeit

Ein geflügelter alter Mann, der eine
  Sense neben sich liegen hat, deutet mit
  dem Zeigefinger auf das Zifferblatt
  einer Uhr.
Dieser geflügelte Mann bedeutet die
  schnell entfliehende Zeit.
Die Sense neben ihm bedeutet die
  Zerstörung, welche die Zeit verursacht.
Die Jugend dauert nicht immer.
Die schöne Rose verwelkt bald.
Das Alter zieht Furchen auf die Stirne.
Die Zeit ist das Kostbarste, was der
  Mensch besitzt.
Denn in der Zeit muss alles geschehen.
Wer die Zeit als eine kostbare Sache
  benutzt, ist weise.
Wer aber die Zeit verschwendet und
  gering schätzt, ist töricht.

Der Zeit, dem Schicksal weicht ein jeder.

Das sechsundzwanzigste Bild
Ein aufgeschlagenes Buch,
mit Rosen umkränzt.

Der Fleiß im Lernen
belohnt sich selber.

Wer die Rose brechen will, muss den Dorn nicht scheuen!

Eine Liebeserklärung an das Buch und Anleitung zum Selber-Denken: Karl Philipp Moritz' *ABC-Buch*

Als Kind wollte er Pfarrer werden, später Bediensteter des *Werther*-Dichters Johann Wolfgang Goethe und schließlich um jeden Preis Schauspieler. Aus all diesen Lebensträumen wurde freilich nichts: Der Vater – ein religiöser Fanatiker, der die Amtskirche ebenso ablehnte wie jedes Übermaß an weltlicher Bildung – schickte den 12-jährigen Karl Philipp erst einmal zu einem sinnesverwandten Braunschweiger Hutmacher.

Tapfer entzog sich der 1756 in Hameln geborene Sohn des Militärmusikers und späteren Zollschreibers Johann Gottlieb Moritz jedoch den engen Grenzen seiner Herkunft: mit Schrammen und Verletzungen, über Ab- und Umwege bis hin zu einem Selbstmordversuch, der wenigstens die qualvolle Existenz als Hutmacherbursche beendete. Der ebenso verwahrloste wie empfindliche Einzelgänger schleppte sich gegen den Willen der Eltern durch mehrere Hannoveraner Schulen, studierte schließlich Theologie in Erfurt und Wittenberg, begeisterte sich für die pädagogischen Reformen der Philanthropen Basedow, Campe, Pestalozzi und trat in eine Freimaurerloge ein.

Seinen zähen Kampf um eine selbstbestimmte Existenz, die heikle Verzahnung von Genen und Gesellschaft, von Seele und Sozialem beschreibt Moritz im autobiografisch-psychologischen Roman *Anton Reiser*: einer einzigartigen Mixtur aus Lebensbeichte, Charakterstudie und Fallbeispiel. Die »erfahrungsseelenkundlichen« Beobachtungen und Schlüsse – namentlich sein Glaube an die Bedeutung der frühen Kindheit für die spätere Entwicklung des Menschen – sollten den Grundstein für die wissenschaftliche Psychologie des 19. und 20. Jahrhunderts legen.

Generell verstand Moritz die Schriftstellerei wie die Journalistik und selbst die Schilderungen seiner Reisen durch England und Italien nur als Instrument: als Hilfsmittel, um Pädagogik und Psychologie, Moraltheologie und Mythologie, Linguistik und Ästhetik aus dem Elfenbeinturm der *happy few* zu holen und »unters Volk« zu bringen. Die eigene pädagogische Praxis – und der in jeder Hinsicht dringend reformbedürftige zeitgenössische »Schulschlendrian« – lieferte zweifellos die Inspiration und den Fundus für diese Mittlertätigkeit: Moritz arbeitete seit 1778 (wenn auch mit Unterbrechungen) als Lehrer in Potsdam, dann an verschiedenen Berliner

Schulen, erhielt schließlich eine Professur an der Königlichen Akademie der schönen Künste und mechanischen Wissenschaften sowie an der Militärakademie zu Berlin. 1793 starb der zum »Königlich Preußischen Hofrat« Arrivierte – knapp 37-jährig – an den Spätfolgen einer Tuberkulose-Erkrankung.

*

»Durch das Lesen war ihm nun auf einmal eine neue Welt eröffnet«: für Anton Reiser ist das ABC der Schlüssel zur Welt. Wie aber lernte man im – lektürehungrigen und bildungswütigen – 18. Jahrhundert das Lesen? Keinesfalls mit kindgerechter Literatur! So jedenfalls kolportiert es Moritz: der achtjährige Anton Reiser habe von seinem Vater zwei Bücher bekommen, »wovon das eine eine Anweisung zum Buchstabieren und das andre eine Abhandlung gegen das Buchstabieren enthielt«. Schwierige biblische Namen wie »Nebukadnezar« legten die Latte hoch. Dennoch verzagte der Knabe im dornigen Zeichengestrüpp nicht: »sobald er merkte, dass wirklich vernünftige Ideen durch die zusammengesetzten Buchstaben ausgedrückt waren, so wurde seine Begierde, lesen zu lernen, von Tage zu Tage stärker«, bald schon war seine Leselust »unersättlich«.

Aufklärung geschieht über das Denken; das Denken aber setzt die Kulturtechnik des Lesens voraus. Es ist Moritz geradezu eine Pflicht, den Nachgeborenen den Weg in die heilbringende Bücherwelt zu bahnen. Natürlich liegt er damit im Trend. Die zeitgenössische Lernoffensive richtet sich verstärkt an traditionell bildungsferne Gruppen – nicht nur an Kinder, sondern ebenso an Frauen und an die Landbevölkerung. Ob ABC-Buch, Lesefibel oder Götterlehre, ob deutsche Rechtschreibung, Stilkunde und Grammatik (damit sich endlich auch der Berliner im Gestrüpp des »mir« und »mich« zurechtfindet), englische und italienische Sprache, ob Logik, Psychologie oder die Kunst des Briefschreibens: dem Aufklärer Moritz ist kein Gebiet fremd, sein pädagogischer Eros klammert kaum ein Metier aus.

Sosehr er – als Mitbegründer der Weimarer Klassik – für die Autonomie des Schönen plädiert, so bedingungslos setzt Moritz die Schreiberei als Waffe der Vernunft ein. Während er dort die Souveränität der Kunst verteidigt, benutzt er sie hier als Werkzeug des Guten. Sobald er sich auf dem Kampfplatz des Aufklärers tummelt, geht es ihm nicht um Schönheit und Freiheit für einige wenige, sondern um Bildung und Glück, um Fortschritt und Mündigkeit für alle! Dass »ein nützliches Buch eine heilige Sache ist«, predigt Moritz im *Lesebuch für Kinder*, das 1792 als »Pendant« zum *ABC-Buch* (1790) erscheint. Beide Texte sind nach der gut zweijährigen Italienreise (1786–1788) entstanden, während der Moritz gemeinsam mit Goethe – im Angesicht griechisch-römischer Kunst – die Wendung zum Klassizismus vollzog.

Moritz ist ein begnadeter, ja fanatischer Popularisator geblieben: er motiviert und stimuliert mit Wort und Schrift, er scheut nicht zurück vor Naivität oder Herablassung, vor dem Erstellen von Gebrauchsanweisungen bzw. von Lehr- und Lernmitteln, wenn es nur hilft, auch anderen jene »*Wonne des Denkens* schmecken« zu lassen, die sein Anton Reiser auskosten durfte! Immer ist er mit großer Ernsthaftigkeit am Werk. Humor und Komik, das Groteske oder Paradoxe sind dem Aufklärer fremd. Bei Moritz gibt es jedenfalls nichts zu lachen, während im ABC-Buch von Jean Pauls Fibel munter vor sich hin gereimt werden darf: »Ein *Affe* gar possierlich ist, / Zumal, wenn er vom *Apfel* frisst.« Auf das stabreimende Buchstabenspiel vom *Aal, Ackersmann, Adler, Affen, Ameisenbär* ... und ähnlich heiteren Nonsens verzichtet das *ABC-Buch* weitgehend. Moritz vermittelt – neben der Basistechnik des Lesens – bildgestützt und in rhythmischer Prosa, adressatenorientiert und kindgerecht mit einfachen Sätzen die Elementargründe des Denkens. Feinsinnig, ja behutsam schult er die Fähigkeit zur Abstraktion bzw. Systematisierung: »die große Kunst des *Einteilens* und *Ordnens,* des *Vergleichens* und *Unterscheidens,* worauf die ganze Glückseligkeit des *vernünftigen* Menschen beruhet« *(Kinderlogik).*

Die einzelnen Miniaturen des *ABC-Buchs* passen zur kindlichen Lebens- und Vorstellungswelt des 18. Jahrhunderts. Ihre Heimat ist nicht mehr der biblische Kosmos des Alten Testaments, sondern ein ländlich-bäuerliches Ambiente: ein Knabe sitzt unter einem Baum und liest, die Bäuerin melkt eine Kuh usw. Die kleinen Szenen beschreiben alltägliche Vorgänge, vergleichen (etwa die Orgelpfeife mit der Luftröhre) und unterscheiden (zum Beispiel den Geschmack von Essig und Zucker). Mit logischen Schlussfolgerungen sparen diese Vignetten ebenso wenig wie mit dem demonstrativ erhobenen Zeigefinger des Erziehers: »Kind, hüte dich vor Feuerflammen!« Stets aber werden derartige moralische Ermahnungen aus dem Bildkontext abgeleitet; sie präsentieren sich entsprechend sinnfällig und anschaulich.

Durch den Wechsel zwischen Beobachter-Perspektive und Ich-Form entsteht in den ersten Bildern eine faszinierende Dynamik, die den jungen Leser quasi in den Text »hineinziehen«, seine Aufmerksamkeit fesseln und eine aktive, identifikatorische Lektüre ermöglichen soll. Freilich unter Wahrung des Wahrscheinlichen: zu einer Begegnung zwischen dem Erzieher und dem Zögling bzw. dem Autor und seinem Leser — wie etwa zwischen Sofie Amundsen und Alberto Knox in Jostein Gaarders *Sofies Welt* — kann es bei Moritz noch nicht kommen!

Zunächst sind die Themen des *ABC-Buchs* gegenständlich: nach den fünf Sinnen werden das *Nachdenken* und der *Körper* erklärt. Ab dem 9. Bild ändert sich der Duktus spürbar. Die Gegenstände gewinnen an Komplexität: von *Mensch und Tier* ist nun die Rede, von den Gegensatzpaaren *rohe Natur — zivilisierter Mensch, Dekadenz — Genügsamkeit* etc. An die Stelle der einladenden *Captatio benevolentiae* tritt ein höherer Grad der intellektuellen Reflexion. Das Augenmerk, das bislang dem »Einzel-Ich« gegolten hat, richtet sich jetzt auf die »Gattung Mensch«. Im Idealfall vollzieht der Betrachter des *Orbis pictus,* der gemalten Welt *en miniature,* diesen Fortschritt der Sozialisierung instinktiv mit.

Wo der ABC-Schütze angeleitet wird, mit den Zeichen deren Bedeutung zu enträtseln, also ausgehend von seinem beschränkten Lebensbereich über die Weltphänomene zu sinnieren, bleibt die Moral aber keineswegs auf der Strecke: dass Bescheidenheit eine Tugend ist, lernt man ebenso wie die Wahrheit, dass alle Menschen gleich sind. Das »Buch macht junge Kinder« tatsächlich »klug«, weil es mit dem schlichten ABC Imperative von kategorischer Gültigkeit vermittelt: »Ich will immer denken, was ich tue.« Durch die Lektüre reift der *Studiosus* in einem umfassenden Sinn. Mit den Buchstaben erweitern sich Wissen, Bewusstsein und Sittlichkeit. Wer liest, ist eben klüger als der Analphabet; wer darüber hinaus den Mut zum Denken besitzt, kann auch ein besserer Mensch werden!

Das aufgeklärte Humanitätsideal, das Moritz in seinem *ABC-Buch* propagiert, ist nicht wirklich neu: die Kernsätze stammen von Jean-Jacques Rousseau — einer der Leitfiguren auch der deutschen (Spät-)Aufklärung. Ignoriert wird allerdings die Bücherfeindlichkeit des Genfer Pädagogen und Philosophen. Moritz hält euphorisch am Lesen fest und erklärt in seiner Kinderfibel klammheimlich den Menschen zum Maß aller Dinge — noch ist Gott zwar nicht tot, doch auf das Sterben als dem Endpunkt des menschlichen Lebens scheint nichts mehr zu folgen (19. Bild). Von biblischen Helden, überhaupt von Frömmigkeit, religiösen Ritualen und göttlicher Transzendenz keine Spur. Dabei hatten es sich die ABC-Büchlein seit Jahrhunderten zur Aufgabe gemacht, Erstlesern vor allem das Alte und Neue Testament zu vermitteln; biblische Geschichten, Vaterunser, Zehn Gebote, Segenssprüche und Gebete machten ihr A und O aus. In Moritz' *ABC-Buch* ist vom allmächtigen Gott jedoch nicht die Rede, hier ist es vielmehr »die höchste Würde, ein Mensch zu sein« (24. Bild). Sogar der Tod verkleidet sich: als Uhr, als Sensenmann oder gar im heiteren Griechen-Mythos vom Knaben mit der gesenkten Fackel. Wie auch immer das bildhafte Angesicht ausfällt: das *Memento mori* mahnt nicht mehr zum Beten, sondern zur vernunftgeleiteten inneren Einkehr: »der Weise bleibt ruhig« (23. Bild).

*

So ganz geheuer scheint Moritz diese Verstandes-Religion nicht gewesen zu sein; wie sein *Alter Ego* Anton Reiser blieb er mit der Welt, der Metaphysik und »mit sich selbst im immerwährenden Kampfe«. Diese Ambivalenz des Zweiflers machte ihn trotz seines Credos für die neue weltliche »Heiligkeit« zum Ausnahme-Aufklärer – geschätzt von Heinrich Heine und Arthur Schopenhauer, Walther Rathenau und Hugo von Hofmannsthal, von Arno Schmidt und Peter Handke, aber auch von unzähligen namenlosen Leserinnen und Lesern. Selbst Walter Benjamin rühmte 1932 in einem Radio-Feature, dass Moritz die Kehrseite der Vernunft nicht entgangen war – wenngleich um einen hohen Preis: »Was hilft die schönste Aufklärung, wenn sie den Menschen unstet und friedlos macht, anstatt ihn bei sich selber heimisch zu machen.« Die Rosen im Schluss-Tableau des *ABC-Buchs* haben denn auch ihre Dornen nicht verloren!

Zur Texteinrichtung

Der – behutsam modernisierte – Text folgt dem Erstdruck: *Neues A. B. C. Buch welches zugleich eine Anleitung zum Denken für Kinder enthält mit Kupfern von Karl Philip Moritz. Professor bei der Academie der bildenden Künste in Berlin. Berlin, 1790. Bei Christian Gottfried Schöne.* In Zweifelsfällen ist darüber hinaus die Zweitauflage *Berlin 1794* berücksichtigt worden.

Entgegen allen bisherigen Ausgaben macht der vorliegende Neudruck die raffinierte logische Struktur des *ABC-Buchs* deutlich: das emblematische Prinzip in der unmittelbaren Verknüpfung von Thema *(inscriptio)*, Bild *(pictura)* und Erläuterung in rhythmischer Prosa *(subscriptio)*. Text und Illustration waren in der Originalausgabe aus drucktechnischen Gründen voneinander getrennt; der Leser von einst musste die passende Abbildung entweder im Anhang suchen oder ausschneiden und einlegen bzw. an den Rand kleben. – Entfallen konnte daher im Neusatz die Wiederholung des Bildthemas *(inscriptio)* am unteren Rand der Abbildung: sie sollte mutmaßlich nur als Zuordnungshilfe dienen, beeinträchtigt jedoch die Wahrnehmung der Gedichtverse, die insgesamt einen paargereimten 25-Zeiler ergeben (das *ABC-Buch* erläutert »I/i« und »J/j« als einen einzigen Buchstaben). – Verzichtet wurde ferner auf den Abdruck der Schrift- und Zahlentabellen (im Original zwischen Titelei und Text). – Anstelle der kolorierten Kupferstiche von Peter Haas enthält diese Ausgabe Illustrationen von Wolf Erlbruch.

Heide Hollmer

Wolf Erlbruch

Wolf Erlbruch, geboren 1948, war bis 2009 Professor für Illustration an der Bergischen Universität Wuppertal. 2017 erhielt Wolf Erlbruch als erster deutscher Künstler den renommierten Astrid Lindgren Memorial Award für sein Gesamtwerk. Zudem wurde er mit dem Gutenbergpreis der Stadt Leipzig, dem Sonderpreis des Deutschen Jugendliteraturpreises sowie mit der Hans-Christian-Andersen-Medaille ausgezeichnet.

Neuausgabe 2018

© Verlag Antje Kunstmann GmbH, München 2000

Lithografie: Reproline-Genceller. München

Typografie: Wolf Erlbruch

Druck und Bindung: Memminger MedienCentrum

ISBN 978-95614-225-3